Sylvia Nürnberger
Und dann kam Grüni

Sylvia Nürnberger

Und dann kam Grüni

Rediroma-Verlag

Bibliografische Information der Deutschen Nationalbibliothek:
Die Deutsche Nationalbibliothek verzeichnet diese Publikation in der Deutschen Nationalbibliografie; detaillierte bibliografische Daten sind im Internet über http://portal.dnb.de abrufbar.

ISBN 978-3-96103-643-1

www.rediroma-verlag.de
6,95 Euro (D)

Autorin Sylvia Nürnberger wurde 1969 in Nürnberg geboren.
„Und dann kam Grüni" ist ihr erster Roman.
Heute lebt sie mit ihrem Lebensgefährten Grüni in einer Patchwork-Familie in der Nähe von Nürnberg.
Sylvia Nürnberger arbeitet als Angestellte.
Mit dem Roman „Und dann kam Grüni" hat sie sich einen langen gehegten Traum vom eigenen Buch erfüllt.
Das Buch ist nach einer wahren Gegebenheit geschrieben.

Für Grüni, ohne den dieses Buch nie geschrieben hätte werden können.
Und für meine Eltern, die nie gedacht hätten dass ich jemals ein Buch schreibe.
Und schließlich für meinen Sohn mit der Botschaft, dass es die große Liebe doch gibt.

Die Liebe – es gibt sie wirklich!
Man darf sie nur nicht suchen, man muss sich von ihr finden lassen!

Inhalt

Kapitel 1 – Mein Leben mit einem Narzissten

Wenn man im Moment über Narzissmus redet, dann fällt jedem Hobbypsychologen gleich Trump ein. Dieser größenwahnsinnige Typ, der mit seinem Geltungsdrang gerade den Weltfrieden gefährdet.
Hätte ich damals schon den Narzissten in Hans erkannt, wäre mir so einiges erspart geblieben.

„Seine Zuwendung konnte ich nicht aufdrehen wie das Warmwasser.“

Hans habe ich nicht auf den ersten Blick als Narzissten erkannt – auch nicht auf den zweiten und dritten. Vermutlich wusste ich damals, in meinen Dreißigern, aber auch noch gar nicht, was das ist. Zunächst war da nur der Typ, den ich einmal in der Woche im Café sah, in dem ich damals bediente. Mit seinen blauen Augen und blonden Locken, immer ein Grinsen auf seinem Gesicht, fiel er voll in mein Beuteschema. Ich kann mich nicht mehr an die Einzelheiten dieser ersten Nacht erinnern. Ich weiß nur noch, dass ich ziemlich schnell am Haken hing. Hier dagegen war einer, für dessen Zuwendung und Zustimmung ich mich ins Zeug legen musste, die ich nicht einfach so aufdrehen konnte wie das Warmwasser im Waschbecken. Dafür schien er die Finger an meinem Temperaturregler zu haben. Wenn er sich erst drei Tage nach einer gemeinsamen Nacht wieder meldete, tat ich zwar äußerlich cool – aber innerlich brannte ich lichterloh.

Nach einigen Wochen Beziehung eröffnete er mir, dass er mit seiner Ex das Wochenende verbracht hatte, als ich im Urlaub war. Sie hatte auch dafür gesorgt, eine ziemlich, wie ich damals fand, übertriebee große Anzeige über ihr gemeinsames Wochenende in der regionalen Zeitung unserer Stadt zu schalten, damit ja jeder Mitbürger wusste, dass sie zusammen waren.

Trennen wolle er sich aber deswegen nicht; er sei ja gerne mit mir zusammen und er wolle mit mir ein Haus bauen.

„Auf was wartest du noch? Geh!", möchte ich heute der Frau von damals zurufen. Irgendwo habe ich mal den klugen Satz gelesen, dass man niemals bei jemandem bleiben sollte, der einem das Gefühl gibt, schwer zu lieben zu sein.

Doch damals sah ich alles anders. Ich wollte kämpfen um diesen Mann. Schließlich sollte sie ihn nicht bekommen. Das wurde mir zum Verhängnis. Ein riesengroßer Fehler. Nur weil ich nicht als Verliererin dastehen wollte. Wie blöd ich damals war.

Nach gut eineinhalb Jahren wurde ich schließlich schwanger. Ich dachte mir, vielleicht würde ihn die Geburt unseres Sohnes glücklicher machen, aber wie sich herauskristallisierte sollte der Schuss gewaltig nach hinten losgehen. Das Kind war für ihn von Anfang an ein Störfaktor. Irgendwie konnte er nie in seine Vaterrolle hineinwachsen. Er verhielt sich so abweisend dem Kind gegenüber, dass ich mir oft Gedanken darüber machte, wollte er das Kind überhaupt? Es war auch selbstverständlich, dass ich alleine in zwei Tagen, und das im siebten Monat schwanger, ein Haus mit 165 qm eingerichtet sowie das Kinderzimmer von unserem Sohn Max gestrichen, die Möbel montiert und aufgebaut habe. Wenn ich so rückblickend darüber nachdenke, hat Hans in den 18 Jahren unserer Beziehung keinen einzigen Nagel in die Wand geschlagen.

Ich bekam kein Haushaltsgeld, für die ersten neun Lebensjahre von Max habe ich alles alleine bezahlt. Zum zehnten Geburtstag von Max hat Hans das erste mal 200 Euro für ein Speed Boot ausgegeben und mir dann vorgejammert, dass das zu teuer für das Kind sei.

Hans ging immer öfters alleine weg und traf sich mit anderen Frauen. Wenn ich ihn damit konfrontierte, stritt er alles ab.

Als ich eines Nachts noch auf der Terrasse saß und nicht schlafen konnte, weil ich schon wieder so ein komisches Bauchgefühl hatte, kam mein Hund ohne Leine angelaufen. Zwei Stunden später kam Hans völlig betrunken nach Hause. Wieder fingen wir an, uns zu streiten. Da es keinen Sinn hatte, mit ihm in dieser angetrunkenen Phase zu sprechen, zog ich es meistens vor, vor ihm ins Bett zu gehen.

Am nächsten Morgen lag ein Brief im Gang, ich solle das Haus bis Ende April mit meinem Sohn Max verlassen. Ich packte am folgenden Tag ein paar Sachen in Umzugskartons und hatte eigentlich vor zu gehen. Er überredete mich aber wieder und sagte, es war nicht so gemeint. Ich ließ mich wieder darauf ein und blieb, was ein fataler Fehler war. Wäre ich damals schon gegangen, wäre mir einiges erspart geblieben.

Und so verging ein Jahr nach dem anderen. Ich war überglücklich in meiner Mutterrolle und konzentrierte mich auf meinen Sohn, der alle Aufmerksamkeiten und Zuneigung von mir bekam, die ihm sein Vater nicht geben konnte. Von morgens bis abends gab es nur mein Kind, mich, unseren Hund und das Haus. Die Frau, die ich war, entfernte sich zwar, blieb aber in Sichtweite sitzen. Tat nach außen noch immer unabhängig und hechelte innerlich nach jedem Brösel Zuneigung, den Hans fallen ließ. Auch wenn dieser Brösel vergiftet war.

„Schau doch nicht so traurig“, sagte er manchmal. „Fröhlich bist du viel hübscher.“

Ich versuchte zu lächeln und erzählte mir und meinen Freundinnen, wie beschäftigt Hans gerade mit seiner Selbstständigkeit sei und dass das seine Gefühle für mich herunter kühle. Ein arroganter Sack, von sich selbst überzeugt und deswegen wohl auch so unabhängig, unbestechlich und ein zwanghafter Lügner. Ich hatte das Gefühl, dass es jedes Jahr schlimmer mit ihm wurde.

Und dann wurde ich immer depressiver, heulte nur noch bei jeder Kleinigkeit. War bei jeder Anstrengung gleich überfordert. Der Job als Verkaufsleitung bei einer großen Firma trug dann den Rest zu meinem Zusammenbruch bei.

Erst nahm ich die Warnsignale gar nicht wahr. Ich bekam einen Burnout. Es musste sofort eine Lösung her.

Kapitel 2 – Mein Weg ...

„Geh Du vor, sagte die Seele zum Körper, „auf mich hört er nicht, vielleicht hört er auf dich.“

„Ich werde krank werden, dann wird er auf dich hören“, sagte der Körper zur Seele

(Ulrich Schaffer)

So beschloss ich 2011 den Jacobsweg (Camino) zu laufen. 777 km sollten es zu Fuß sein.
Natürlich musste cs Hardcore sein und deshalb startete ich bei Saint-Jean-Pied-de-Port, einer Stadt in Frankreich. Ich überquerte die Pyrenäen. Wenn man die schafft, schafft man den Rest des Weges auch mit Leichtigkeit. Gesagt getan.

Ein halbes Jahr davor traf ich alle Vorbereitungen für den Camino. Camino bedeutet auf Spanisch „der Weg“. Der Weg führte mich über die Pyrenäen von Frankreich nach Spanien.

Der Jakobsweg ist sicher ein besonderes Highlight in meinem Leben gewesen. Der **Camino** war das intensivste, anstrengendste aber auch das mit bisher schönste Erlebnis, das ich je hatte.

Anfang Mai brach ich auf, machte mich auf den Weg, meinen Weg nach Santiago.

Vieles auf dem Weg steht sinnbildlich für das Alltägliche, dieses andere Leben, das wir zurücklassen, sobald wir uns auf den Camino einlassen. Jeden Tag aufstehen, losgehen, laufen, vertrauen, glauben daran, dass wir es schaffen und Schritt für Schritt immer näher kommen zu dem Ziel, Santiago de Compostela.

Mittlerweile weiß ich, wir alle haben unser eigenes Santiago, um das es geht. ***„Nichts von dem, was war, ist jetzt noch.“*** Ich habe unzählig viel Ruhe, Kraft und Energie tanken können.

Diese fünf Wochen auf dem Jakobsweg hinterlassen ihre Spuren und ich rede da nicht von denen an den Füßen. Nein, da hatte ich gar keine Probleme. Im Gegenteil, ich hatte ja drei Monate vorher und dann jeden Tag Hirschtalgcreme auf meine Füße geschmiert. Und ich hatte super bequeme Schuhe. Das ist das Geheimnis für gesunde Füße ohne Blasen und sonstige Wehwehchen.

Was ich meine, sind die Spuren in meinem Herzen und meiner Seele, die dort für immer eingebrannt worden sind. Da ist so viel, dass es für manches vielleicht nie Worte geben wird. Ich bin froh, diesen Weg gegangen zu sein, er hat mich für die bevorstehende Zeit gerüstet. Nur damals wusste ich noch nicht, wie lange es dauern würde, bis sich diese Kraft als nützlich für mich erweisen würde.

Kapitel 3 – **Die Abkopplung**

Im Herbst 2015 zog ich aus dem gemeinsamen Schlafzimmer ins ehemalige Büro, wo ich mir ein Schlafsofa hineinstellte. Ich wurde immer öfter krank. Meine Nerven spielten mir einen Streich und ich kratzte mir nachts die Arme blutig, da ich das Gefühl hatte, es juckt. Ich nahm starke Medikamente gegen die Schmerzen, ging von Arzt zu Arzt, aber man fand nichts.

Mein Alltag bestand daraus, morgens zur Arbeit zu gehen, heimzukommen, zu kochen, aufzuräumen, Kind und Hund zu versorgen und zu beschäftigen, zu schlafen und die immer wiederkehrenden Arztbesuche. Ich bekam ständig Blasenentzündungen, die teilweise schon blutig waren. Hatte höllische Schmerzen. Und trotz alledem bestand Hans auf meine ehelichen Pflichten, nämlich Ihn zu befriedigen.

Ich erklärte ihm, dass Sex im Moment nicht möglich sei, das verstand er aber gar nicht und sagte zu mir, „du kannst ja wenigstens rüber langen und mich befriedigen, wenn du schon nicht fähig bist, deinen ehelichen Pflichten nachzukommen“.

Fünf Tage Ignoranz waren die Folge. Meine Gedanken kreisten, ich nahm ab und ernährte mich nur noch von Zigaretten und Schmerztabletten. Mein Gewicht ging rapide runter. Ein Jahr später musste ich ins Krankenhaus, um eine Nierenbiopsie machen zu lassen. Wegen der ständig wiederkehrenden Blasenentzündungen und des jahrelangen Einnehmens von Medikamenten hatte eine meiner Niere schweren Schaden erlitten. Und als wäre es noch nicht genug, wurde im Frühjahr 2016 bei meiner Mutter die Diagnose Rachentumor festgestellt, das schleuderte mich so aus der Bahn, dass ich kurz darauf Gesichtsrose bekam. Alles in mir brach zusammen. Ich hatte so furchtbare Nervenschmerzen, dass ich heulte.

Hans hatte keinerlei Mitgefühl, im Gegenteil, er beschwerte sich, keinen Sex zu bekommen. Dieses ewige Gejammer wegen meiner Krankheiten würden ihn ankotzen, waren seine Worte.

Unter Schmerzen putze ich das Haus, machte den Garten und erledigte alles, was zu meinen Aufgaben gehörte, wie immer. Wie immer bekam ich keinerlei Unterstützung von Hans, um mir bei der Hausarbeit zu helfen.

Ich durfte es nicht zulassen die Kontrolle über meinen Körper und mein Leben zu verlieren. Ich wollte endlich aufhören zu kämpfen, einfach frei sein. Nach außen wirkte ich wie ein unzerstörbarer Granit, innerlich zerbrach ich und heulte mich nachts in den Schlaf. Vielleicht blieb ich auch, weil ich mich in unserem Haus widerspiegelte. Ich hatte Tag und Nacht geschuftet, hochschwanger die Räume eingerichtet und kaum Zeit zum Schlafen gefunden.

Er glaube, sagte er ein paar Monate später, mich jetzt wieder lieb zu haben: Kein Witz, so hat er es ausgedrückt. Vermutlich hat er gespürt, wie ich langsam resignierte, und hat mich deswegen erneut auf Armlänge herangeholt. Aber bloß nicht näher. Er machte mir kleine Geschenke – und zischte keine zwei Wochen später in einem Streit, er bezweifle, dass ich nach ihm wieder einen Mann fände. Ich, inzwischen völlig brainwashed, wehrte mich zwar gegen diese Unverschämtheit, glaubte sie aber auch ein bisschen.

Würde Sie jemand auffordern, zwölf Stunden auf einem Stuhl zu sitzen, hätten Sie wohl zwei Gedanken. Erstens: „Warum zur Hölle sollte ich das tun?“ Und zweitens: „Wenn ich das schon tun muss, welche ist dann die bequemste Position?“ Denn Sie wissen: Schon das geringste Gefühl von Unbehagen wird sich mit der Zeit in echte Schmerzen und möglicherweise sogar in Folter verwandeln. Wenn man etwas für eine sehr lange Zeit tun muss, dann ist es im besten Fall unfassbar bequem.

Ich wurde aber immer unglücklicher, konnte mich selbst nicht mehr leiden, verkroch mich nur noch zu Hause. Die Abstände zu den täglichen Auseinandersetzungen wurden immer kürzer. Die Streitthemen waren immer dieselben, entweder hatten wir uns wegen unseres Sohnes Max in den Haaren, wegen Frauengeschichten oder wegen seiner ewigen Trinkexzesse.

Ich gab Partys, lud Freunde ein, nur um nicht mit ihm alleine zu sein. Von den Freunden und Bekannten bekam ich die Anerkennung, die ich mir immer von ihm gewünscht hatte. Viele meiner Freundinnen gaben mir den guten Rat, endlich zu gehen.

Aber ich saß fest, wie eine Zecke. Konnte weder noch tiefer noch mich davon befreien. Hier blieb ich, weil ich hier alles hatte, was ich aufgebaut hatte. Wenn ich gehe, dann muss ich wieder von vorn anfangen. Was, wenn ich es nicht schaffe?

Viele Fragen und keine Antworten. Nein, ich musste selber wissen, wann der richtige Zeitpunkt ist zu gehen. Erst wenn ich für mich entschieden habe loszulassen, dann kann ich gehen, ohne dass es mir weh tut. Und dann gibt es kein Zurück.

Kapitel 4 – **Ein Ende in Sicht**

Und deshalb beschloss ich kurz vor meinen 48. Geburtstag, nach 18 unglücklichen Jahren mit einem Narzissten, endlich meine Koffer zu packen, um dem Ganzen ein Ende zu setzen. Trotz der verletzten Gefühle erkannte ich die große Chance, die sich mir so unerwartet bot: Ein Neuanfang. Ich befreite mich von den alten Lasten, und zwar äußerlich wie innerlich. Von der Hausentrümpelung über die seelische Reinigung bis hin zur anderen Frisur. Mich erfüllte etwas Stolz von dieser wundersamen Verwandlung der gestressten, fremdbestimmten Ehefrau in eine lebenslustige Frau in den besten Jahren. Und man weint, staunt und lacht plötzlich wieder.

Im darauffolgenden Herbst packte ich die Gelegenheit beim Schopf und zog mit meinem damals 16jährigen Sohn Max aus unserem gemeinsamen Haus mit sofortiger Wirkung aus. Der Umzug kostete uns soviel Energie und Kraft. Aber all das nahmen wir in Kauf, um endlich wieder frei zu sein, um sich nicht mehr wie Vögel in einem Goldkäfig zu fühlen. In einem Haus leben zu müssen, wo nur noch Hass und Selbstsucht wohnen. Wo keinerlei Freude und Liebe mehr vorhanden war.

Und so nutzten wir die übriggebliebene Energie um dem endlich ein Ende zu setzen.

Schließlich musste das Haus komplett geräumt werden. Das ganze Inventar war von mir. Alleine durch meine Selbstständigkeit hatte ich zwei komplette Räume, die mit meinen Dekorationsgegenständen vollgestellt waren.

Es nahm kein Ende, wir schleppten und schleppten. Es wurden anstatt weniger Kisten jeden Tag mehr. Obwohl ich schon einiges an Hausrat bei Hans ließ, war es immer noch jede Menge, die mit eingepackt werden musste.

Meine Freunde und Eltern unterstützen uns bei dem Umzug.

Es war sehr schwer für mich, zumal ich alles in diesem Haus gemacht hatte. Es war mein Projekt, meine Planung, meine selbst entworfene Sitzecke aus Beton mit Heizfunktion auf der Sitzfläche, die gesamte Gartengestaltung. Jeder einzelne Baum, Busch oder jede Hecke war auf 200 qm Garten eigenhändig von mir gepflanzt und gepflegt worden.

Es war der blanke Horror. Die ganze Kraft, die Arbeitsstunden, die ich in diesen wunderschönen Garten gesteckt hatte, alles umsonst.

Ich hätte heulen können, am liebsten alles abgesägt und kaputt getrampelt. Aber die Blöße gab ich mir nicht.

Nein das würde ich mir nicht mehr antun. Geweint habe ich in diesem Haus viel zu viel. Damit sollte jetzt Schluss sein. Niemals mehr würde ich es zulassen, dass ich mich so verletzen lasse und mich abhängig machen würde.

Ist doch lächerlich, was will ich in einem Palast wo ich weine, wenn ich in einer Hütte glücklich sein kann?

Nach zwei Wochenenden Umzug zogen wir in eine Sechs-Zimmer-Wohnung mit Garten, die, wie wir fanden, so richtig genial für uns war. Die ersten zwei Monate waren wir damit beschäftigt, die Wohnung erst einmal zu renovieren und einzurichten. Ich stürzte mich voll in die Arbeit und vergaß dabei all die Probleme der letzten Monate und Jahre.

Nun waren einige Wochen vergangen, und ich fragte mich oft, ob es richtig war zu gehen, oder ob es ein noch größerer Fehler für mich und Max war.

Was, wenn wir das nicht schaffen würden …?

Ich saß gerade bei einer guten Tasse Kaffee in meinem Arbeitszimmer, als mir der Gedanke kam, etwas Verrücktes zu tun und meine Komfortzone zu verlassen, in der ich mich gerade befand. Und plötzlich hörte ich das folgende Lied im Radio:

„Egal, was kommt, es wird gut, sowieso, Immer geht ne neue Tür auf, irgendwo, auch wenn‘s

grad nicht so läuft, wie gewohnt egal, es wird gut, sowieso."

Damals fragte ich mich wirklich, ob mein Radio Gedanken lesen kann. Wenn man etwas Verrücktes erleben möchte, muss man verrückte Dinge tun.

Da fiel mir das Gespräch mit meiner Kollegin ein, sie erzählte mir von einer Partnerbörse im Internet. Na klar, dachte ich mir, ich bei einer Partnerbörse anmelden – geht's noch? Wie bei einer Viehbeschauung. Doch nicht für mich. Ich musste aber feststellen, dass mir, je mehr ich darüber nachdachte, die IDEE, es zu probieren, immer mehr gefiel. Schließlich könnte ich mich ja wieder abmelden, wenn es mir zu dumm werden würde.

Und da ich wegen meines Berufes nicht viel Zeit hatte, abends oder am Wochenende wegzugehen, beschloss ich, mich im April auf einem Partnerportal anzumelden.

Online-Dating ist populär wie nie. Immer mehr Männer und Frauen versuchen, ihr Liebesglück im Internet zu finden. Manchmal sind diese Versuche von Erfolg gekrönt, manchmal nicht.

Viele machen die Erfahrung mit schlechten Dates.

Leider sind viele davon genauso weit verbreitet wie ein grippaler Infekt.

Einige Treffen fanden statt. Vorher hatte man telefoniert oder geschrieben. Was sich da so alles abspielt, kann man nicht glauben, wenn man es nicht selbst erlebt hat.

Den meisten Männern geht es da ausschließlich nur um Sexabenteuer, Sexabenteuer und nochmal Sexabenteuer.

Die wenigsten suchen hier wirklich die Partnerin oder den Partner fürs Leben.

Nachdem ich mich angemeldet hatte, lief mein Postfach nur so über mit Anschreiben von Männern aller Art und Gattung. Neunzig Prozent davon habe ich sofort aussortiert, der Trottel von nebenan, der Macho, der Burgbesitzer, der sein Haus komplett wie eine Burg bestückt hatte. Fehlte nur noch die Folterkammer im Keller mit den Daumenzwingen und zu guter Letzt ein Krönchen auf dem Kopf.

Der sexgeile Bernd der mich beim Eis essen gefragt hat, ob ich mir vorstellen kann dreimal täglich Sex mit ihm zu haben.

Ich lächelte ihn an und sagte zu ihm, ob er sich jetzt vorstellen könne, meine Rechnung zu bezahlen, stand auf verließ das Eiscafé.

Ich spürte die brennenden Blicke noch beim Rausgehen auf meinem Rücken.

Der spanische Dessous-Boutiquebesitzer Roco, der wollte, dass ich seine schwarzen Dessous trage und er Fotos von mir machen konnte.

Der Motorradfahrer, der nur am Wochenende Sex wollte, der Ponyhofbesitzer, der genauso groß und breit wie sein Pony war,

Clown Bobo, der sich als Unternehmensberater vorstellte und letztendlich einen Clown im Kindergarten spielte.

Kleine Männer, die im Profil angaben, über 1,84 Meter groß zu sein und dann gerade mal so groß waren, dass sie mir bis zum Kinn gingen. Ich wusste gar nicht, dass man in so kurzer Zeit so schrumpfen kann – ja, man kann hier alles erleben und getäuscht werden. Man fragt sich bloß, sind die eigentlich alle etwas meschugge, man trifft sich doch, was denken sich diese Männer eigentlich? Dass man ihnen ihre Größe nicht ansieht?

Bis hin zum Romantiker war alles dabei. Obwohl ich eine Altersbegrenzung eingegeben hatte, schrieben mich teilweise auch Mitte 60jährige an.

Den absoluten Vogel hatte Andy abgeschossen, er kam gekleidet wie Spiderman – weißes Hemd über seinem Spiderman-T-Shirt, fehlte nur noch die Maske –, und ging mit mir essen ... Beim Essen schüttete er sein Bier über mich. Außerdem holte er sein Handy heraus, um mir Fotos von der Reise nach Kreta zu zeigen, die er vor einem Jahr mit seiner Mutter gemacht hatte.

Wohlgemerkt, er war 55 Jahre alt.

Und dann kam die erschreckende Erkenntnis. Und es traf einen wie ein Blitz, nein, was sage ich wie ein Tornado, der nicht vor Glück war, endlich den Traumpartner getroffen zu haben, sondern sich ganz schnell wieder von dem Tornado zu entfernen, bevor ein Hurrikan im Anmarsch war.

Suche nicht nach dem Mann, der perfekt ist, sondern suche nach dem Mann, der zur dir passt.

S. Nürnberger

Nach sechs enttäuschenden Dates hatte sie schon langsam keine Lust mehr, weiter nach dem passenden Partner zu suchen.
Saly mochte gar nicht daran denken, wen sie noch so alles kennengelernt hätte – wäre da nicht Grüni gekommen.

Kapitel 5 – Und dann kam Grüni …

Doch dann kam alles anders. Saly hatte damals einen Mann namens Grüni angeschrieben. Grüni hatte auch sofort geantwortet.

Der Text war Saly aber viel zu nett und untypisch für das, was sonst so im Chat geschrieben wurde. Da konnte was nicht stimmen, der Mann war so normal im Gegensatz zu den anderen Männern, die Saly bis dato kennengelernt hatte.

Damals schrieb Saly freundlich, aber neutral zurück, das war es aber auch schon. Im Juni schrieb Saly ihn wieder an, nicht wissend, dass er der Mann von damals war. Denn er hatte mittlerweile sein Bild geändert und die beiden hatten wieder einmal ein Match. Ein Match war in dem Partnerportal, wenn zwei Menschen sich kennenlernen möchten und beide dazu bereit waren. Sonst ist es nie zu einem Match gekommen, nur wenn beide es wollten.

Grüni antwortete sofort auf ihre Nachricht. Natürlich outete er sich erst nicht, dass er derselbe Mann von damals war. Er ließ sich auf das Versteckspiel ein und verschwieg ihr, dass sie sich ja schon einmal geschrieben hatten. Erst nach einer Woche sollte Saly davon erfahren.

Saly setzte dieses Mal alles auf eine Karte und schrieb nicht erst lange in dem Chat mit Grüni, sondern fragte ihn gleich, ob er denn WhatsApp habe. Er bejahte und die beiden schrieben bis ein Uhr morgens. Es war so vertraut und schön zu schreiben, am liebsten hätten sie die ganze Nacht geschrieben.

Und dieses Mal sollte das Treffen auch viel eher stattfinden, entweder es passt oder es passt nicht. So lange vorher hin und her zu schreiben hatte ja in der Vergangenheit zu nichts geführt.

Sie beschlossen, sich zwei Tage später zu einem Date zu treffen.

Ein bisschen Lampenfieber gehört natürlich dazu. Wenn sich zwei Menschen verabreden, um behutsam vorzufühlen, ob sich irgendwann zwischen Aperitif und Absacker das berühmte Kribbeln einstellt, sind die klassischen bangen Fragen im Vorfeld absolut normal: Was anziehen? Worüber reden? Wann auf Tuchfühlung gehen – oder an welchem Punkt die Notbremse ziehen?

Pünktlich um 19:30 Uhr stand Saly vor dem Café in Fürth, wo sie sich verabredet hatten. Sie wunderte sich ein wenig, dass Grüni noch nicht da war.

Nach circa fünf Minuten beschloss Saly, ihn doch mal anzurufen. Er ging sofort ans Handy. Wow, dachte sie sich, was für eine angenehme Stimme, als sie ihn das erste Mal reden hörte.

Sie frage ihn, wo er denn sei, und er antwortete: „Ich stehe vor dem Café neben der Einfahrt."

Verwundert sah Saly auf die Eingangstür des Cafés und musste feststellen, dass sie vor einem völlig falschen Café stand. Oh mein Gott, dachte sie, super Auftritt, und das beim ersten Treffen. Schnell wechselte sie den Standort und lief zum richtigen Café.

Grüni kam ihr schon entgegen gelaufen und die beiden umarmten sich herzlich. Ein sehr wohliges warmes Gefühl breitete sich in Saly aus.

Die beiden suchten sich einen Platz. Was dann geschah, war sehr faszinierend, denn sie nahmen nichts mehr um sich herum war. Es war, als säßen sie alleine in dem Café', nur noch sie beide existierten.

Bei ihm war alles anders, er hatte die richtige Größe, einen perfekten Body, nette grüne Augen, ein spitzbubenhaftes Grinsen und was ganz wichtig war, er schien sein Herz am richtigen Fleck zu tragen.

Die Gespräche, die sie führten waren sehr vertraut, so, als ob sie sich schon ewig kennen würden und nicht erst ein paar Stunden. Die Offenheit, mit der Grüni ihr aus seinem Leben erzählte, beeindruckte Saly sehr. Im Übrigen, er betrachtete das vor ihm stehende Glas mit großer Aufmerksamkeit und hielt den Blickkontakt mit Saly für einige Sekunden.

Er sah Sie an und sagte: „Du hast wahnsinnig schöne Augen, hast du dafür einen Waffenschein?“

Das Kompliment war wunderbar. Aber das ließ sie sich natürlich nicht anmerken. Saly musste sich zusammenreißen, um nicht rot zu werden.

Nachdem sie sich beide immer näher kamen und die Schüchternheit verflogen war, wurde sehr viel über Persönliches geredet. Beide merkten, dass sie fast die selbe Vergangenheit hatten. Seine Geschichten, die er bezüglich der Treffen mit anderen Frauen aus dem Partnerportal erzählte, waren auch zum Totlachen und teilweise sehr außergewöhnlich.

Je länger sie miteinander redeten, um so mehr merkten sie, dass das damalige Leben mit ihren Ex-Partnern sehr identisch gewesen war. In Salys und auch Grünis Beziehung gab es anfangs immer wieder Probleme, wo man damals schon die Notbremse hätte ziehen sollen. Und es dann doch nicht tat. Ein Jahr nach dem anderen war vergangen. Dann kamen die Kinder und man dachte, es würde besser werden. Doch das war ein fataler Fehler. Die Wunden wurden größer und der Kinder wegen wurde darüber hinweggesehen. Im stillen Kämmerlein hatte man sich dann wieder die Wunden geleckt und weiter ging es.

Wenn eine Familie zerbricht, dann hört man oft den Satz: „Bei denen hätte ich das nie gedacht, da hat doch immer alles gepasst.“ Nach außen, ja.

Aber innen war das System in der Regel schon eine ganze Weile marode. Viele machen den Fehler und bleiben wegen der Kinder, so auch im Falle von Saly und Grüni. So vergingen die Jahre, bis man merkt, es ist zu spät.

Die einzige gute Bilanz die bei ihren Ex-Beziehungen herausgekommen war, waren ihre Kinder, auf die sie beide sehr stolz waren.

Grüni erzählte ihr, dass er damals mit seiner Exfrau ein zweites Kind erwartet habe. Eigentlich sollte es ein Junge werden, der dann den Namen MAX bekommen sollte. Bei der Geburt aber stellte sich heraus, dass es ein Mädchen war. Man musste sich schnell einen Mädchennamen überlegen. Das Komische an der Sache war, dass Salys Sohn den Namen MAX hatte.

Saly sah ihn verwundert an und erzählte ihm das. Er konnte es erst gar nicht glauben.

Gegen 23:00 Uhr schloss das Café. Da sie beide noch nicht heimgehen wollten, wechselten sie die Location und beschlossen, Richtung Fürther Freiheit zu laufen. Grüni hatte dort bei der Anfahrt nach Fürth ein Zelt gesehen. Und tatsächlich fanden da für mehrere Wochen die Theatertage statt. Man hatte dort kleine Gärten mit Kies und Sand angelegt. Schnell fanden die zwei einen Platz in einem Gartenteil mit Sand und Palmen, wo zwei Liegestühle standen.

Der Abend dauerte noch bis zum nächsten Morgen. Da es mittlerweile schon sehr kalt wurde, beschlossen beide, so langsam nach Hause zu gehen.

Beide konnten sich nicht voneinander trennen. Saly fand das war dieses Mal was anderes. Etwas ganz besonderes.

Grüni begleitete Saly noch zu ihrem Wagen. In Ihren Kopf kreisten die Gedanken. Am liebsten hätte sie seine Hand genommen und ganz fest gehalten.

Am Wagen angekommen, fragte Saly ihn, ob sie ihn denn zu seinem Wagen zurückfahren solle, wenn er sie schon zu ihrem Wagen gebracht hatte. Er willige ein.

Als sie ihn bei seinem Wagen ausstiegen ließ, gab sie im ein schüchternes Bussi auf die Wange und bedankte sich für den schönen Abend. Mit einem Lächeln im Gesicht und laut aufgedrehter Musik fuhr sie zu sich nach Hause. Hatte sie endlich Ihren Seelenverwandten getroffen? Den Partner, der zu ihr passte?

Nachdem beide wieder zu Hause angekommen waren, schrieben sie nochmal per WhatsApp. Das Schreiben dauerte noch Stunden. Sie wollten gar nicht mehr aufhören. Das Witzige war, Grüni gestand ihr, dass er denselben Gedanken hatte, als Sie zum Auto liefen, dass er sie am liebsten an die Hand genommen hätte.

Salys Herz machte einen Luftsprung und Sie grinste, denn denselben Gedanken hatte sie ja auch gehabt.

Am nächsten Tag verabredeten sie sich gleich wieder, in einem Biergarten bei Feucht.

Salys Navi spielte ihr aber einen Streich und navigierte sie in die falsche Straße. Nicht in die, wo sie ursprünglich hin wollte. Plötzlich war da ein Fußgängerweg und die Straße war zu Ende. Saly parkte ihren Wagen und versuchte zu Fuß weiterzugehen. Da sie aber schon sehr spät dran war, und nicht schon wieder zu spät kommen wollte, beschloss sie, nach circa 800 Metern doch wieder umzukehren und mit dem Wagen einen anderen Weg zu finden.

In diesem Moment kam Grüni auch auf diesen Parkplatz gefahren. Sein Navi hatte ihn auch genauso falsch navigiert wie ihres, kein Wunder, Saly hatte ihm ja die Daten für den Treffpunkt gesendet.

Die beiden lachten sich kaputt. Sie beschlossen die Autos stehen zu lassen und zu Fuß zum Biergarten weiterzugehen. Der Weg führte sie dreißig Minuten auf einem Waldweg zum Biergarten.

Wie am ersten Tag hatten Saly und Grüni sehr viel Spaß miteinander. Als sie zu ihren Autos liefen nahmen sie sich an den Händen, so wie sie es gestern eigentlich hatten tun wollen.

Grüni hielt ihre Hand ganz fest. Immer wieder kreuzten Glühwürmchen ihren Weg. Es war so romantisch und schön, am liebsten wären sie die ganze Zeit so durch den Wald gelaufen.

Als sie bei ihren Autos angekommen waren, küssten sie sich das erste Mal. Es war sehr innig und schön. Saly fand, er könne sehr gut küssen. Sie wollte sich gar nicht mehr von seinen warmen, weichen Lippen lösen. Seine Umarmung war so echt und tat ihr so unendlich gut. Der Abschied fiel den beiden sehr schwer.

Deshalb verabredeten sie sich wieder für den kommenden Dienstag.

Beide zählten die Stunden bis zu ihrem nächsten Treffen. Wie verliebte Teenager kamen sie sich vor.

Endlich kam der Dienstag und sie trafen sich in einem Café bei Fürth.

Der Abend war wie die vergangenen Treffen auch sehr vertraut und entspannt. Saly und Grüni konnten gar nicht mehr voneinander lassen, alles um sie herum verschwamm und es gab nur noch die beiden Turteltauben. An diesen Abend erzählte Grüni Saly davon, dass sie ihn damals im Chat bereits im April angeschrieben hatte, bevor sie es Monate danach ein zweites Mal wieder tat.

Saly konnte es nicht glauben. Das gab es doch nicht. Was für ein Zufall. Es sollte so sein, dass sie im Portal wieder aufeinander trafen. War das Zufall oder doch Schicksal? Schließlich hatte sie ihm ja eine Abfuhr erteilt. Was wäre gewesen, wenn er ihr nicht zurückgeschrieben hätte, weil er verletzt von damals war? Aber Grüni dachte sich, da oute ich mich jetzt mal nicht und lass sie in dem Glauben, dass wir das erste Mal miteinander geschrieben haben. Darüber war Saly sehr froh, denn sonst hätte sie ihren Traummann Grüni niemals getroffen.

So gegen Mitternacht machten sie sich langsam auf den Heimweg. Natürlich waren sie wieder einmal die letzten im Café, die gingen.

Auf dem Weg zu Salys Wagen schlug sie Grüni vor, ihn noch zu seinem Wagen zu fahren. Er willigte ein. Grüni trug den Regenschirm von Saly und fragte, wo er ihn denn hinlegen sollte. Saly sagte, „leg den Schirm doch auf die Rücksitzbank“, ohne natürlich darüber nachzudenken, was hinten auf der Rücksitzbank saß. Nämlich Ihr grinsendes Skelett namens Joe mit Hut und Sonnenbrille.

Er erschrak fürchterlich und fragte schließlich, was das Ding da hinten mache. Dann war es aus, beide bekamen keine Luft mehr vor lachen.

Nachdem Sie sich jetzt schon fünf Tage kannten, beschloss Saly, sich von dem Dating Portal abzumelden. Sie hatte ein gutes Gefühl bei Grüni und dachte sich, was brauch ich das Portal noch? Sie hatte ja den Mann Ihrer Träume gefunden.

Das Kuriose an der Sache war, dass Grüni fast zu gleichen Zeit dasselbe gedacht hatte und sich auch von dem Portal abgemeldet hatte. Dieselben Gedanken zu gleichen Zeit.

Am nächsten Wochenende fuhren die beiden nach Riedenburg, in einen wunderschönen Biergarten, bekannt aus Funk und Fernsehen.

Eigentlich hatten sie vor, den ganzen Tag in Riedenburg zu bleiben, aber leider war ihnen ein Strich durch die Rechnung gemacht worden.

Als sie gerade gemütlich ihren Kaffee schlürften, traute Saly ihren Augen nicht, als plötzlich wie aus dem Nichts die Frau im Biergarten erschien, die Hans und ihr jahrelang die Hölle heißgemacht hatte. Sie konnte gerade noch nach Luft schnappen und sich einigermaßen von dem Schock erholen, als ihr der Gedanke kam, wenn sie hier ist, wird Hans nicht weit entfernt sein.

Und tatsächlich kam er just in diesem Moment um die Ecke. Saly traf es wie ein Schlag ins Gesicht. Sie wurde kreidebleich.

Grüni vernahm, dass Saly plötzlich aussah, als hätte sie ein Gespenst gesehen. Als er sie fragte, was sie hat, erzählte Saly ihm, weshalb es ihr gerade die Sprache verschlug.

Grüni war entsetzt. Nicht, dass es ihr irgendetwas ausgemacht hätte, Hans mit einer Frau zu sehen, nein, das war ihr völlig egal. Selbst wenn er einen Harem dabei gehabt hätte, wäre ihr das sowas von egal gewesen, ihn aber gerade mit dieser Frau zu sehen, war ein Schock für Sie. All ihre Vermutungen diesbezüglich mit Hans und dieser Frau in der Vergangenheit hatten sich hiermit bestätigt. Sie hatte immer Recht gehabt mit ihrem Verdacht, dass die beiden die letzten 18 Jahre niemals aufgehört hatten, sich nach wie vor zu treffen. Saly fragte sich, was sie nur für eine dumme Gans war. Und sie fragte sich wieder einmal, warum sie nur nicht früher gegangen war und sich hatte so erniedrigen lassen.

Sofort beschlossen Saly und Grüni, den Biergarten schnellstmöglich zu verlassen, beziehungsweise gleich aus Riedenburg zu verschwinden. Spontan fuhren sie nach Kehlheim, um sich erst einmal wieder zu beruhigen. Sie mussten circa drei Kilometer laufen, bis sie zu einem wunderschönen Biergarten kamen.

Dank Grüni hatte sich Saly schnell wieder unter Kontrolle und versuchte sich den Tag nicht mit dem Erlebten versauen zu lassen, was ihr dann auch sehr schnell gelang.

Gegen 20:00 Uhr verließen sie den Biergarten und liefen wieder gute fünfundvierzig Minuten zum

Parkplatz zurück. Sie alberten rum wie kleine Kinder und Saly bekam einen Lachanfall.

Auf der Heimfahrt hielten sie in Kinding, wo eine Sonnwendfeier stattfand. Gemütlich saßen sie an dem gigantisch große Feuer und träumten vor sich hin. Zum Abschluss des Tages genehmigten sie sich noch einen Kaffee an der Raststätte bei Feucht und schwelgen in Erinnerungen, als sie damals noch Teenager waren und nach Discobesuchen den letzten Kaffee in der Raststätte zu sich nahmen.

Sie lümmelten sich in die Sitzlounge und grinsten zufrieden vor sich hin. Grüni brachte Saly noch nach Hause.

Zwei Tage später trafen Sie sich in der Minigolfanlage in Fürth. Sie hatten die Anlage vollkommen für sich alleine, da die Fußball-WM überall lief.

Beim Golfen hatten Saly und Grüni sehr viel Spaß. Grüni gewann wegen zwei Punkten Vorsprung das Match.

Eigentlich hatten sie vor, bei Maria noch was zu trinken, die hatte aber leider geschlossen. So kamen sie letztendlich wieder zu ihrem schönen Plätzchen am Fürther Stadttheater, dem Gärtchen mit den Sonnenstühlen und dem Sand.

Dieses Mal etwas entspannter und grinsend saßen beide in ihren Stühlen, hielten Händchen, träumten vor sich hin und erinnerten sich an ihren ersten Abend. Wieder einmal machten sie den Abend zum Morgen.

Da ihnen der Biergarten in Feucht sehr zusagte, beschlossen sie, sich am nächsten Tag dort wieder zu treffen. Sie hatten wie immer lustige Gespräche und bekamen gar nicht mit, dass sie wieder einmal die letzten im Biergarten waren. Die Zeit verging wieder wie im Fluge.

Sie liefen wieder durch den Wald, dieses Mal leuchtete der Wald und Saly und Grüni leuchteten mit. Es war unglaublich – Millionen von Glühwürmchen waren es dieses Mal. Es war so wunderschön und romantisch, dass sie am liebsten ewig so weitergelaufen wären. Der Abschied fiel beiden wie immer sehr schwer. Saly hatte am nächsten Morgen Spätschicht, somit konnten sie sich die nächsten drei Tage nicht sehen. Es war furchtbar für beide, so lange voneinander getrennt zu sein. Sie zählten die Stunden und telefonierten jeden Abend miteinander.

Nach tagelanger Trennung verabredeten sie sich bei Saly zum Kaffee. Gegen Abend fuhren sie nach Nürnberg.

Sie versuchten sich in Bowling. Sie hatten jede Menge Spaß, Grüni schmiss einen Strike nach dem anderen. Saly verlor haushoch. Es waren viele Schwestern und Brüder unterwegs (Insider zwischen ihnen). Wieder lachten Sie sich krumm.

Am Sonntag trafen Sie sich in Rupprechtstegen. Von da aus machten Sie eine Wanderung nach Velden. Der Weg führte die beiden sechs Kilometer an der Pegnitz zwischen Wald und Wiesen nach Velden. Salys Hundedame Struppi durfte auch mit und powerte sich wieder einmal total aus.

In Velden angekommen tranken sie Kaffee und ßen hausgemachte Küchle. Am Rückweg kehrten sie noch in einer besonderen Erlebnisgastronomie in Rupprechtstegen ein.

Beide hatten das Gefühl, sich schon ewig zu kennen. Diese Vertrautheit, die Gemeinsamkeiten und so viel Spaß waren nicht mehr normal.

Es war einfach unglaublich schön.

Sie hatten beide die Erkenntnis, dass sie das noch nie so erlebt hatten. Ihre Beziehung sei etwas ganz besonderes, das sagten sie sich immer wieder.

Grüni war für Saly was ganz besonderes, er war ein so zärtlicher, herzlicher, gutmütiger, lustiger Mensch, der sein Herz am richtigen Platz hatte. Man konnte mit ihm über alles reden, er hatte so eine angenehme Stimme, die Saly immer wieder von Neuem zum Träumen brachte.

Beide stellten sie fest, dass sie füreinander geschaffen waren. Darauf hatten sie ein halbes Leben gewartet.

Die nächsten zwei Tage telefonierten Sie und schrieben WhatsApp bis mitten in die Nacht.

Lass uns weiterhin gut aufeinander achtgeben. Einander sein lassen und annehmen, wie wir sind.

Lass uns zusammen alt werden, unsere faltigen Hände ineinander legen und unseren Enkelkindern beim Toben zusehen.

Und so vergingen die Wochen wie im Fluge, sie trafen sich fast täglich. Ob zu einem Match in der Minigolfanlage oder zu einem Feierabendbierchen in einen Biergarten. Sie konnten nicht mehr ohne den anderen sein. Wenn sie sich nicht sahen, telefonierten sie am Abend miteinander.

Grüni war Saly gegenüber immer noch sehr zurückhaltend mit seinen Annäherungsversuchen. Das imponierte ihr an ihm sehr, denn er war der erste Mann in ihrem Leben, der es nicht in erster Linie auf Sex abgesehen hatte. Sie gaben sich beide sehr viel Zeit, um sich richtig kennenzulernen.

Kapitel 6 – Am Ammersee

Mitte Juli beschlossen sie, ein erstes gemeinsames Wochenende zusammen am Ammersee zu verbringen. Immerhin waren sie jetzt schon fast sechs Wochen zusammen. Gesagt, getan …

Grüni holte Saly an einem Freitag von zu Hause ab. Die Fahrzeit betrug ungefähr zwei Stunden nach Dießen am Ammersee. Ein Hotel direkt am See sollte es sein.

Als Saly die Vorhänge im Hotelzimmer zurückzog und die Balkontür öffnete, hatte sie einen herrlichen Blick auf den Ammersee. Es war wunderschön. Zufällig war an diesem Wochenende ein Musikfestival am See.

Da sich bei beiden langsam der Hunger bemerkbar machte, beschlossen sie, die Koffer erst einmal nicht auszupacken und gleich zum Abendessen zu gehen. Schließlich fanden sie ein nettes kleines Restaurant im Ort. Gegen 22:00 Uhr gingen sie zu der Strandbühne. Die fünfköpfige Band, die da mit dem sinnlichen Namen „Stimulators“ in die Tasten haute, war der Wahnsinn.

Da die Band so fantastisch war, blieben sie bis zum Ende. Gegen Mitternacht machten sie sich auf den Heimweg ins Hotel.

Saly überkam plötzlich ein etwas ängstliches Gefühl, da kennt man sich schon ein paar Wochen, und jetzt verbringt man die erste Nacht miteinander. Ein seltsames Gefühl, das sich bei beiden bemerkbar machte. Je näher sie dem Hotel kamen, desto schlimmer wurde das Kribbeln im Bauch.

Saly überspielte ihre Aufregung damit, Witze zu erzählen und rumzualbern. Grüni dagegen wurde immer ruhiger. Der Weg war aber irgendwann einmal zu Ende und sie standen vor der Zimmertür ihres Hotels. Saly hatte weiche Knie. Sie konnte sich nicht daran erinnern, jemals so viel Unbehagen gehabt zu haben.

Ok, dachte sie sich, reiß dich zusammen, du bist eine erwachsene Frau und nicht die erste Frau, die er nackig sieht.

Und wieder kam sie sich wie ein Teenager vor, der sein erstes Date hatte.

Ganz cool sagte sie zu Grüni: „Ich geh dann mal duschen."

Was ziehst du jetzt nur an?, dachte sie sich. Eine Mischung aus nicht zu sexy und nicht zu prüde. Sie entschied sich für ein Nachthemd mit Spitze, und darüber ihren endlos langen Bademantel, damit man ja nicht zu viel sah. Der Aufenthalt im Badezimmer kam ihr wie Stunden vor. Immer wieder lief sie im Bad auf und ab. Man bedenke, das Bad hatte gerade mal 3 qm. Immer, wenn sie schon an der Tür stand, um die Klinke herunterzudrücken, hielt sie wieder inne. Ihre Nerven zappelten.

Was, wenn er meinen Körper nicht mag? Viele Fragen tanzten in ihrem Kopf.

Aber es nützte alles nichts, irgendwann musste sie ja wieder aus dem Badezimmer raus. Sie nahm sich allen Mut zusammen und ging zur Tür, um sie zu öffnen. Ihr Herz klopfte.

Als sie aus dem Bad kam, stand Grüni am Balkon und rauchte eine Zigarette. Wahrscheinlich war er genau so aufgeregt wie sie. Saly schmiegte sich an seine Schulter. Sofort nahm er sie in den Arm und sie küssten sich leidenschaftlich.

Wenn sich Verliebte küssen, spielen nicht nur die Schmetterlinge im Bauch verrückt. Amors Pfeil krempelt unser komplettes Innenleben um. Die Folge sind Symptome wie beim Drogenrausch.

Es hat gefunkt, schon der Gedanke an den anderen lässt das Herz bis zum Hals klopfen – und wehe, man sieht die neue Flamme länger nicht: Dann wird das Ziehen in der Brust schier unerträglich. Was ist passiert? Amor hat getroffen und damit die Biochemie der Liebe in Gang gesetzt.

Saly ließ ihren Bademantel fallen, Grüni nahm ihre Hand und führte Saly zum Bett, von dem aus man auf den Ammersee blicken konnte.

Beide verschmolzen zu einem Ganzen, das war der Augenblick, der Beginn einer wundervollen Liebe.

Es war eine wundervolle erste Nacht mit Grüni.

In Salys Leben gab es ja nicht nur einen Mann, aber Grüni war bis dato der zärtlichste Mann, den Saly jemals hatte.

Am nächsten Morgen wachten beide eng umschlungen auf. Sie sahen sich beide in die Augen und das, was sie sahen, war eine Botschaft, die Botschaft einer besonderen Liebe.

Da es schon sehr spät war und es kein Frühstück mehr im Hotel gab, beschlossen sie, in ein Café zu gehen und dort ausgiebig zu frühstücken. Gegen Mittag nahmen sie die Fähre nach Herrsching.

Dort verbrachten sie dann an der Uferpromenade den Nachmittag. In einem Café wurde erst einmal ihr Ritual gepflegt, nämlich einen riesengroßen Becher Eiskaffee zu trinken.

Da das Wetter auf einmal immer schlechter wurde und es zu regnen begonnen hatte, beschlossen sie, wieder mit der Fähre nach Dießen zurückgefahren.

Nachdem sie im Hotel angekommen waren und sich umgezogen und fertig gemacht hatten, gingen sie zu dem schnuckeligen Lokal vom Vorabend.

Leider wurde es Saly nach dem Abendessen so schlecht, wegen einer Migräneattacke, dass sie vorzeitig ins Bett musste. Der Abend ging nicht so schön aus wie erhofft. Dennoch kümmerte Grüni sich vorzüglich um Saly.

Am Sonntag ging es leider wieder Richtung Heimat. Ihr erstes gemeinsames Wochenende war sehr schön gewesen, auch wenn der Samstagabend Saly außer Gefecht gesetzt hatte.

Nach dem Wochenende vergingen die Tage wie im Flug, und sie sahen sich weiterhin fast täglich.

Und wenn sie sich nicht sahen, telefonierten oder schrieben sie sich per WhatsApp.

Kapitel 7 – Im Fuchsbau

Nach zwei Wochen stand Ihr zweites Wochenende an. Dieses Mal sollte es ein Fuchsbau sein – ein umgebauter Bauwagen auf 18 qm, in dem alles war, was man an Luxus benötigte. Der Bauwagen hatte eine Terrasse mit einem wunderschönen Ausblick auf Wald und Wiesen. Eine schnuckelige Bleibe für Verliebte. Genau das richtige für die zwei.

Als die zwei auf der Terrasse saßen, kamen zwei seltsame Tiere an die Terrasse heran, eines der beiden, wahrscheinlich das Weibchen, schimpfte mit den beiden, dann lief es weg, drehte sich um, lief wieder zu ihnen, schimpfte erneut und verschwand dann letztendlich im Wald.

Saly und Grüni konnten nicht mehr vor lachen. Beide hatten noch nie zuvor so ein Tier gesehen. Sofort wurde gegoogelt, was das für seltsame Tiere gewesen sein könnten. Saly wurde sofort fündig. Ein Steinmarderpärchen.

Normalerweise sind diese Tiere sehr scheu und meiden den Kontakt mit Menschen. Saly und Grüni aber hatten das Glück, die Tiere ganz nah zu erleben. Zwei niedliche Tierchen, wie sie fanden.

Am Abend saßen beide auf der Terrasse und tranken Wein. Sie genossen die Nacht und die

Stille auf ihrer Terrasse und sahen in den Sternenhimmel bis in die frühen Morgenstunden.

Das Wochenende war, wie Saly fand, noch schöner als das am Ammersee. Das herrliche Saaletal ist wunderschön und hat eine traumhafte Landschaft.

Bevor Saly und Grüni am Sonntag wieder Richtung Heimat fuhren, machten sie noch einen Abstecher in die älteste Weinstadt im Saaletal. Hammelburg lud zum Bummeln ein.

Anfang August lud Grüni das erste Mal Saly zu sich nach Hause ein. Die beiden verbrachten einen schönen Abend, sie lagen stundenlang in seiner Sitzlounge und beobachteten die Sterne. Hin und wieder entdeckten sie eine Sternschnuppe. Irgendwann schliefen dann beide unter freiem Himmel Arm in Arm ein.

So eine Nacht hatte Saly schon ewig nicht mehr. Unter freien Himmel zu schlafen, das war Jahre her.

Weil die letzten Wochenenden so schön gewesen waren, beschlossen die zwei, gleich wieder über ein Wochenende gemeinsam wegzufahren. Ziel war dieses Mal der Spitzingsee. ☼

Kapitel 8 – Das Stockbett

Am Freitagmittag holte Grüni Saly von zu Hause ab, die Fahrt ging zum Spitzingsee. Dort hatten sie sich ein Zimmer in einem alten Steinhaus am Berg gebucht.

Als sie die Zimmertüre aufsperrten, traf die beiden fast der Schlag. Grüni bekam sich nicht mehr ein vor Lachen. In dem Zimmer stand ein Stockbett. Gleich wurde heftig diskutiert, wer oben und wer unten schläft.

Saly hatte die geistreiche Idee, dass man doch die Matratzen auf den Boden legen könnte, was sich dann aber in den 3-qm-Zimmer als recht schwierig erwies. Saly versuchte es mit Schranktüre auf und die Hälfte der Matratze rausschauen lassen, Matratze links neben den Schrank, Matratze rechts neben den Schrank. Es half nichts, es funktionierte einfach nicht. Sie konnten schon nicht mehr vor Lachen. Saly war verzweifelt, was sie auch versuchte, der Plan, den sie hatte, funktionierte nicht.

Wer dann wo geschlafen hat, das bleibt ihr alleiniges Geheimnis. Der Leser kann sich seine eigene kleine Geschichte dazu zusammenreimen. ☺

Am nächsten Morgen frühstückten sie sehr ausgiebig und genossen die herrliche Aussicht von ihrer Hütte auf den Spitzingsee.

Nachmittags beschlossen sie, eine Wanderung zu einer Hütte zu machen. Der Weg führte sie durch Wald und Wiesen, bis sie nach etwa einer Stunde die alte Berghütte erreichten. Dort angekommen setzen sie sich in die Relax-Stühle, tranken Kaffee und genossen die Sonne. Grüni zog es dann vor, ein kleines Nickerchen zu machen.

Gegen späten Mittag machten sie sich wieder auf den Heimweg, gerade noch rechtzeitig zum vorzüglichen Abendessen.

Der Koch der Hütte, die sie bewohnten, war für sein köstliches Essen beliebt und bekannt. Grüni war begeistert.

Gegen 21:30 Uhr liefen die beiden zum Ufer des Spitzingsees. Dort setzten sie sich auf eine Bank und warteten auf das alljährliche Specktakel, das Feuerwerk am See.

Pünktlich um 22:00 Uhr wurde ein Kanonenschlag abgefeuert. Was dann folgte, war ein hammerartiges Feuerwerk am See.

Gegen 23:00 Uhr machten sie sich singend auf den Rückweg zur Berghütte.

Den letzten Tag verbrachten sie an der Uferpromenade des Spitzingsees und genossen die Sonne.

Mittags verließen sie den Spitzingsee, um noch am Schliersee Halt zu machen und einen Kaffee zu trinken.

Dort angekommen fanden sie einen wunderschönen Biergarten direkt am Ufer des Schliersees, wo Saly vor Jahren schon einmal gewesen war. Saly und Grüni fanden es so schön, dass sie gar nicht mehr weiterfahren wollten. Aber leider hat alles einmal ein Ende, auch dieses traumhafte Wochenende.

Die darauffolgende Woche verging sehr schnell und man freute sich schon wieder auf das bevorstehende Wochenende.

Kapitel 9 – Kurztrip nach Österreich

Im August beschloss Salys Sohn Max eine Woche Auszeit zu nehmen, um nach Oberösterreich zu Freunden von Saly zu fahren. Conny und Peter betrieben dort seit zehn Jahren eine wunderschöne Pension in den Bergen. Saly hatte die beiden vor elf Jahren bei einem Skiwochenende kennengelernt. Auch wenn man sich nicht so oft sah, verband die vier ein sehr inniges Freundschaftsverhältnis miteinander.

Und so kam es, dass Saly und Grüni am Samstagmorgen beschlossen, auch nach Oberösterreich zu fahren, um eine Nacht zu bleiben und Max am Sonntag wieder mit nach Hause zu nehmen.

Zufällig wurde das zehnjährige Bestehen der Pension gefeiert. Es gab ein großes Fest mit landestypischer Hausmannskost und origineller zünftiger Blasmusik. Grüni und Saly amüsierten sich über die Musik und hatten viel Spaß.

Das Schöne daran war, Saly und Grüni hatten denselben schwarzen Humor und konnten über vieles gemeinsam lachen. Sie brauchten sich nur anzusehen, um zu verstehen, weshalb der andere gerade lachte.

Bevor es am Abend wieder Richtung Heimat ging, wanderten die drei zu einer schönen Berghütte. Sie genossen das schöne Wetter und die herrliche Aussicht auf die Berge.

Der Abschied fiel wie immer schwer und man umarmte sich herzlich. Sie verabschiedeten sich noch mit einem freundlichen *Baba* [1]und stiegen in das Auto.

Die nächsten Wochen bis zu dem ersten gemeinsamen langen Urlaub vergingen wie immer im Flug.

---

[1] Baba ist ein österreichisches Wort und bedeutet salopp-familiärer Abschiedsgruß zwischen näher bekannten, befreundeten oder verwandten Personen.

Kapitel 10 – Im umbrianischen Kloster

Am 07.September ging es dann endlich los …

Nach Umbrien – Perugia zum Trasimenosee.

Grueni kam am Freitag, den 07. September, gegen 20:30 Uhr, zu Saly nach Hause. Nachdem sie noch eine Kleinigkeit miteinander gegessen und das restliche Gepäck im Auto verstaut hatten, fuhren sie kurz vor Mitternacht Richtung Süden nach Italien.

Vor Ihnen lagen 1000 km Fahrt über Österreich, weiter zum Gardasee und ihrem Ziel, Umbrien in Italien.

Als sie gegen vier Uhr morgens ihre erste Rast kurz nach der italienischen Grenze machten, trauten sie ihren Augen nicht. Gerade als die beiden neben ihrem Auto standen und eine Zigarette rauchten, flog zehn Meter über ihren Köpfen ein feuerspeiender kleiner Komet hinweg.

Grüni fragte Saly gleich, ob sie das auch gesehen hätte, denn er dachte, er bilde sich das nur ein. Natürlich hatte sie es auch gesehen. Es war wundervoll. Die beiden waren die einzigen gewesen, die es gesehen hatten, denn sie waren vollkommen alleine auf dem Parkplatz gewesen.

Grüni fragte Saly, ob sie etwas Magisches an sich habe. Dieses Geheimnis hat Saly natürlich für sich behalten. Schließlich darf man ja nicht verraten, welche Mächte man hat.

Wieder etwas, was eigentlich ganz normal war, zumindest für die beiden. Denn normal ist es eigentlich nicht, dass einem ein Komet über den Kopf fliegt, so mir nichts dir nichts. Bei den beiden waren die Ereignisse aber völlig normal. Eine magische Verbindung eben.

Die nächste Stunde Fahrt war der Komet das Thema der beiden, die immer noch so verblüfft waren, was ihnen gerade passiert war.

In Umbrien angekommen hatten sie für zehn Tage ein Chalet in einer ehemaligen Klosteranlage (Fattoria) aus dem 15. Jahrhundert gemietet.

Schon die Einfahrt in eine Kieferallee, die zu dem Kloster führte, ließ sie über die herrlich alte Klosteranlage staunen, die in Natura noch schöner war als auf den Bildern. Es war einfach traumhaft. Mit Worten nicht zu beschreiben.

Da die beiden nicht gleich ins Chalet einziehen konnten, fuhren sie in die größte Stadt am Trasimenosee – nach Castiglione del Lago. Die italienische Gemeinde Castiglione del Lago liegt 302 m über dem Meeresspiegel am Westufer des Trasimenischen Sees in der Provinz Perugia in der Region Umbrien und ist mit 15.433 Einwohnern der größte Ort am See.

Am See setzen sie sich in ein Café und schlürften einen richtig guten italienischen Cappuccino. Nachdem sie ein wenig entspannt hatten, begaben sie sich zu dem Aufstieg über eine steile Treppe zwischen Olivenbäumen in dem Städtchen Castiglione.

Oben angekommen, flanierten Saly und Grüni durch urige kleine Gässchen und löschten ihren Durst in einer kleinen schnuckeligen Bar. Nun konnte der Urlaub endlich beginnen. Sonne, See, und ein gutes Gläschen Wein und ein traumhafter Partner an der Seite, was will man da mehr?

Saly fragte sich immer wieder, ob sie, wenn sie und Grüni sich zehn Jahre früher getroffen hätten, auf den ersten Blick verliebt hätten.

Nein, in unser beider Leben musste sich erst einiges ändern, dachte sie. Jeder von ihnen musste erst einmal zur Ruhe kommen, nachdem sie gemerkt hatten, wie leer ihr Leben bisweilen war. Natürlich waren sie in Ihrer Mutter- und Vaterrolle voll und ganz ausgelastet. Aber es fehlte etwas ganz wichtiges, „DIE LIEBE“.

Aber irgendwie hatte Saly sehr große Angst, Angst, die sie vorher nie hatte. Beispielsweise davor, wenn Grüni am Abend von ihr zu sich nach Hause fährt. Dann denkt sie sich, „hoffentlich kommt er gut an!“. Seit es die Liebe in ihrem Leben gab, spürte sie plötzlich diese Unruhe in sich.

Mit diesen Befürchtungen kam sie sich regelrecht albern vor, aber sie konnte es einfach nicht abstellen. Früher war ihr das nie passiert.

Jeden Morgen gab es ein ausgiebiges Frühstück das sich bis zu einer eineinhalbstündigen Zelebration steigerte.

Grüni war immer für die weichgekochten Eier zuständig, die er natürlich hervorragend zubereitete. Saly ging jeden Morgen vor dem Frühstück in den Pool, um einige Bahnen zu schwimmen. Sie genoss das so sehr, dass sie den Pool für sich alleine hatte. Herrlich.

Sie dachte oft über sich und Grüni nach und darüber, wie es denn mit ihnen weitergehen würde.

Sie nahm sich eines ihrer Notizbücher und schrieb folgende Zeilen darin auf:

„Der Moment, wenn ich feststelle, dass ich ohne seine Macken und ‚Fehler' nicht mehr sein möchte.

Wenn ich das Gefühl habe, nur bei ihm zu Hause zu sein, nachts im Bett mich seiner Gegenwart zu versichern und dann beruhigt wieder einzuschlafen.

Wenn wir einander jeweils eine andere Sichtweise vermitteln können und vor allem, wenn ich nicht belogen werde, mir nichts vorgespielt wird. Und natürlich, wenn ich das alles auch für ihn sein darf! Angekommen sein und sich zu Hause fühlen.

In gewisser Weise hat das natürlich auch etwas mit „Stressfreiheit" zu tun! Allerdings nicht im Sinne von „es sich bequem machen", sondern im Sinne von abschalten, entspannen und das Leben genießen.

Der Urlaub war einer der schönsten, die Saly seit langem erlebt hatte. Es war alles so harmonisch und vertraut, als würden die beiden sich schon ewig kennen.

Die nächsten Wochen vergingen rasend schnell, draußen wurde es kalt und Weihnachten stand schon bald vor der Tür.

Saly bastelte für Grüni einen riesigen Adventskalender. Er freute sich wie ein kleiner Junge, als er mit feuchten Augen vor dem Kalender stand.

Kapitel 11 – Die Scheidung

Einige Tage später bekam Saly eine Vorladung vom Amtsgericht. Die Ehe zwischen ihr und ihrem noch-Ehemann sollte am 11. Dezember 2018 offiziell geschieden werden. Saly machte einen Luftsprung, als sie die Nachricht las. Endlich konnte sie dieses Kapitel in ihrem Leben abschließen. Als einzige Sorge hatte sie nur noch, ob er sich auf die Forderungen von ihr einlassen würde.

Einen Tag vor dem Termin beschloss sie noch einmal bei ihrem gemeinsamen Haus in Feucht vorbeizufahren, um innerlich mit der ganzen Sache für immer und ewig abzuschließen. Einmal noch vorbeifahren, ohne einen Druck in der Magengegend zu verspüren. Gesagt, getan, sie fuhr am Haus vorbei und hatte ein befreiendes Gefühl dabei.

Am nächsten Morgen stand Sie schon zeitig auf, um sich mental auf den Gerichtstermin vorzubereiten. Völlig ruhig und voller Zuversicht fuhr sie zum Gericht. Es würde schon alles gut gehen.

Im Gericht angekommen warteten Hans und seine Anwältin bereits in einem Vorraum. Es machte ihr nichts aus, als sie ihn dort nach fast einem halben Jahr sitzen sah. Sie verspürte keinerlei Hass ihm gegenüber so wie vor einiger Zeit, sondern nur noch Mitleid, es störte sie nicht, neben ihm zu sitzen und sie war ganz ruhig.

Ihr Anwalt kam fünf Minuten später. Kurz danach traf die Richterin ein. Die Scheidung dauerte nur vierzig Minuten, alle Vereinbarungen wurden so getroffen, wie man es besprochen hatte. Am Ende übergab seine Anwältin ihrem Anwalt den Fahrzeugbrief und das Urteil wurde verlesen.

Am liebsten hätte Saly vor Freude „Hurra“ geschrien. *Endlich vorbei.*

Jetzt konnte Weihnachten kommen.

Kurz vor Weihnachten bereitete Saly eine kleine Jahresabschiedsfeier vor mit ihrer Familie und guten Freunden. Schließlich gab es einiges zu feiern. Es gab ein Drei-Gänge-Menü. Es war ein sehr schöner Abend mit viel Spaß und feuchtfröhlichen Gesprächen. Gegen 01:30 Uhr gingen die letzten Gäste heim.

Kapitel 12 – Weihnachten und Silvester auf der Hütte

Am 24.Dezember 2018 holte Grüni Saly von zu Hause ab und sie fuhren zu der Hütte seines Bruders und seiner Schwägerin, um Weihnachten und Silvester dort zu verbringen.

Die Hütte stand mitten im Wald umgeben von vielen Bäumen und riesigen Felsen. Eine urige kleine Hütte, die aber allen Komfort hatte, den man benötigte.

Sie hatten eine herrliche Zeit und viel Spaß.

Für Silvester hatten sie sich etwas Besonderes ausgedacht. Beide schossen pünktlich um 24:00 Uhr jeder seine eigene Wunschrakete mit Text in den Himmel.

Das war so romantisch, dass sich bei beiden die Augen mit Tränen füllten.

Das neue Jahr konnte nun unter all den vergangenen Altlasten NEU beginnen.

Kapitel 13 – URLAUB in Thailand

Nachdem Saly dieses Jahr ihren fünfzigsten, ihr Sohn Max seinen achtzehnten und Grüni seinen fünfundfünfzigsten Geburtstag hatte, beschlossen alle drei, einen besonderen Urlaub zu machen.

Die vierzehntägige Reise ging nach Thailand in ein Luxusressort auf eine Insel nahe bei Phuket.

Dort hatten Sie eine eigene Villa mit eigenem Eingang und ein Pool. Es war unglaublich schön. Alle drei waren der Meinung, es gebe nichts Perfekteres als diesen Traumurlaub. Hier war das Paradies, wonach Sie gesucht hatten.

Die Insel hatte traumhaft schöne und menschenleere Strände, eine vielfältige Flora und Fauna liebenswerte und herzliche Einwohner. Der ideale Ort. um einmal abzuschalten, den Tag ungestört in Muße zu verleben und neue Kraft zu tanken. Wer braucht schon Massentourismus, wenn man auch ein kleines Paradies fast für sich alleine haben kann?

Nach ein paar Tagen Ruhe beschlossen die drei, sich Roller für zwei Tage zu mieten. Mit dem Roller starteten sie dann an der Ostküste Richtung Norden. Die Straßen waren gut ausgebaut, sodass man schnell von A nach B kam. Die Insel war saftig grün und dicht bewaldet. Alles schien hier noch so unversehrt, ruhig, idyllisch und natürlich. Die Kinder am Straßenrand winken ihnen zu, als sie vorbeifuhren und auch die Einheimischen, die man auf den Straßen traf, lächelten und grüßten freundlich.

Sie brauchten vielleicht zwei Stunden, um die Insel zu umrunden. Dabei hielten sie oft an, um sich einige Orte genauer anzuschauen. Wenn man weiße, puderzuckerartige Sandstrände erwartet, ist man hier genau richtig. Die Strände waren schön, das Wasser türkisblau und klar. Die ganze Insel war irgendwie ursprünglich und total entspannt. Die Menschen waren super freundlich und herzlich. Die Zeit blieb an diesen zwei Tagen völlig stehen. Wer Ruhe sucht und einfach mal komplett abschalten möchte, der ist hier auf jeden Fall genau richtig.

In der letzten Woche buchten sie sich ein Holzboot mit Boot-Jungen, um zu den Hong Islands zu fahren. Der Himmel strahlte im besten Blau und man bekam sofort Lust, in den Tag zu starten. Sie gönnten sich ein kleines Frühstück in ihrem Hotel, um sich dann gegen 10:00 Uhr mit einem Fahrer auf den Weg zum Pier zu machen. Hier wurden sie schon von den coolen Boot-Jungen begrüßt. Das Holzboot wurde mit einigen Wasserflaschen, Obst und Mittagsessen für die drei beladen.

Saly setzte sich direkt nach vorne auf die Spitze des Bootes. Sie freute sich wahnsinnig auf die Fahrt. Ein Highlight an diesem Tag war noch die unerwartete Entdeckung eines bezaubernden

Strandes. Saly und Grüni setzen sich auf eine selbstgebaute riesige Schaukel, die zwischen zwei Palmen befestigt war, genossen die ausgiebige Schönheit dieses Ortes und waren dankbar, dort sein zu können. Saly liebt Inseln und liebt es, wenn sie klein und gemütlich sind. Nach einem einfachen Mittagsessen und einem ausgiebigen Sonnenbad in einer wunderschönen Bucht ging es nach einer Stunde weiter.

Die Luft sauste ihnen um die Ohren, die Sonne küsste ihre Haut. Es war die perfekte Bootsfahrt. Der Boots-Junge zeigte ihnen alle Highlights die es gab. Für ihn war es das normalste, für die drei aber war es so ein magischer Moment, den sie sicherlich nie vergessen würden. Einfach alles stimmte. Grüni war ganz still geworden und träumte vor sich hin. Vor ihnen nur das weite Meer, verschönert mit saftig grünen kleinen Inseln. Das Wasser war blau und ihre Stimmung einfach nur auf einem weiteren Höhepunkt.

Es waren die schönsten, wundervollsten zwei Wochen vollster Entspannung in ihrem Leben.

Das benötigten sie auch, denn nach dem Urlaub hatten sie eine anstrengende Zeit vor sich ... denn der große Umzug stand an.

Kapitel 14 – Der Umzug

Grüni hatte Saly im letzten Jahr angeboten, sie solle doch bei ihm einziehen. Er hatte ein großes Haus, in dem er mit seiner großen Tochter Meli alleine wohnte. Seine jüngere Tochter Ina lebte bei seiner Ex-Frau, und somit hätte er genügend Platz für Saly und Max. Außerdem war es eigentlich schade, dass sie beide immer nur in Salys Wohnung waren. Also beschlossen sie zusammenzuziehen. Saly war am Anfang sehr skeptisch, denn sie wusste ja aus der Vergangenheit, wozu das führen konnte. Sie war ja schon in der Vergangenheit aus dem gemeinsamen Haus geschmissen worden. Das Risiko war sehr groß für sie. Schließlich kannten sie sich ja erst fünf Monate. Was wenn es schief ging ...

Also wieder umziehen ... Das Ganze sollte gut überlegt sein. Doch irgendwie war es mit Grüni anders.

Seit sie sich kannten, war es schon so unglaublich vertraut, als hätten sie beide nur auf den richtigen Moment gewartet, sich zu begegnen.

Und so willigte Saly zu einem gemeinsamen Zusammenziehen ein.

Die nächsten Wochen wurden sehr stressig für alle Beteiligten. Der Umzug nahm kein Ende. Schließlich gingen beide auch noch tagsüber in die Arbeit. Somit wurde immer erst alles auf die Abendstunden oder auf das Wochenende gelegt.

Was man alles so hat ... Es nahm kein Ende. Da Grüni ganz anders als Hans war, waren sie auch relativ schnell mit dem Renovieren fertig. Grüni arbeitete sehr hart. Und halft bei allem mit, was zu erledigen war. Er hatte in seinem Haus nicht viel Mobiliar und so war es einfach für Saly, ihre Möbel unterzukriegen. Alles andere wurde neu dazu gekauft. Saly hatte die grandiose Idee, anstatt eine Tapete im Schlafzimmer anzubringen, wäre es doch toll, die Seiten von ihrem geschriebenen WhatsApp-Chat an die Wand zu kleistern.

Immerhin waren es ja schon zweihundertneunundvierzig Seiten.

Grüni war voll begeistert und sagte: „Tolle Idee, das machen wir, das hat bestimmt keiner auf der Welt, so verrückt sind nur wir zwei.“

Und weil es so unglaublich verrückt wie unsere ganze Liebesgeschichte war, kam diese Geschichte an die Wand.

Nachdem im Haus alles fertig war, kam der Garten dran. Der war in den letzten Jahren sehr vernachlässigt worden und dementsprechend sah er auch aus. Saly war begeisterte Hobby-Gärtnerin und nahm sich den verkümmerten Garten vor. Mit Dampfstrahler, Kettensäge, Heckenschere, Axt und Spaten im Handgepäck rückte sie dem Garten zu Leibe, der dann nach drei Wochen harter

Arbeit, nicht mehr wiederzuerkennen war. Die letzten Wochen hatten sich gelohnt.

Nach drei Monaten waren sie endlich mit allem fertig. Die alte Vergangenheit zurücklassen, um das NEUE zu beginnen.

Nun hatten sie
endlich wieder Zeit für sich und
ihre einzigartige Liebe,
über die ein
noch einzigartigerer
himmlischer Komet geflogen war.

ENDE